Romance

Romance
Primera Edición
Diciembre 2007

Romance
Segunda Edición
Marzo 2011

Published by Lulu

ISBN 978-1-4357-0533-3

Para un Ángel

Contenido

Romance

Inocencia

La inocencia pasea de noche
por el jardín
la inocencia pasea
por mi conciencia
alma pura
sonrosada
inquieta
alma pura
en vestido blanco

Con fulgor de luna bella
su mirada
aparece

Con dulzor de media noche
un ángel de amor
abre sus brazos

Benevolente Rasgo

Benevolente rasgo
en sus ojos finos
descubriendo un mundo
de ilusiones nuevas
de ilusiones finas
de nuevas maneras
de entender el mundo
de ver el universo
de abrirse paso
de vivir sin frío
sin llanto
sin tristeza

Benevolente rasgo
en sus ojos finos
descubriendo un mundo
de ilusiones bellas
de ilusiones que cautivan
que conquistan
que contentan
de ilusiones que reemplazan
el silencio
de ilusiones que nutren
la inocencia

Benevolente rasgo
en sus ojos finos
descubriendo un mundo
de ilusiones buenas
luciendo su infinito
luciendo su existencia
luciendo su mirada
tersa

Benevolente rasgo
en sus ojos finos
descubriendo un mundo
fantástico de promesas
de caricias suaves
de caricias bellas
que son refugio verdadero
que son dichoso hallazgo
que son intensa primavera

Benevolente rasgo
en sus ojos finos
que me dan su abrazo
que me dan su abrigo
que me dan respuestas
que me dan confianza
que me dan esperanzas
cálidas y tiernas

Benevolente rasgo
benevolente y nítido
en sus ojos claros
en sus ojos finos
profundamente gozosos
profundamente embellecidos
por la ternura del amor
por la sorpresa del vigor
por el encanto
por el cariño

Bella Flor

Ahora estás aquí
como una luz divina
como un amanecer
de gran ilusión
de mirada fina
y resplandeces como un sol
como una bella flor
que milagrosamente cobra vida
y que ruborizada me llama
y que ruborizada me mira
y con una voz tímida
y a la vez llena de valor
me dice 'Ven, aquí estoy'

Ahora estás aquí
regalo de Dios
misteriosa amiga
como puedo evitar
sentir admiración
como puedo evitar
sentir tu amor
y buscar tu abrazo

Ahora estas aquí
y es grande la tentación
de decir la verdad
de confesarte mi amor
de musitar, y delirar, y exclamar
'¡Amor, te pareces a una flor!'
de imaginar mis labios
en tu belleza natural
de presionar mis labios
en tu belleza espiritual
en tu regocijado espíritu
sobreexcitado y sobrenatural

Ahora que me acerco
es más clara tu verdad
es más grande tu amor
es más mística tu faz
es más rojo tu rubor

Ahora que me acerco
es más cálida tu piel
es más suave tu esplendor
es más mágico tu ser
es más fuerte tu pasión

Ahora eres tú
la que ante mis ojos
florece, se enamora
y crece
la que ante mis ojos
palpita
la que ante mis ojos
se enrojece

Ahora eres tú
beatitud divina
la flor angelical
la flor emotiva
la flor que me abraza
la flor que me abriga
la de incontrolables deseos
la de incontrolable ternura
la que quiere confesar

Melancolía

Me abrazo al pensamiento
que vela mi melancolía
no eres tú, alma
no eres tú, vida
no son tus manos
las que me palpan
no son tu ojos
los que me miran
no son tus brazos
los que me consuelan
pero al pensar en ti
por un momento
todo es perfecto
todo es mágico
al pensar en ti
el pensamiento es abierto
al pensar en ti
el pensamiento es cálido
son bellos los poemas
que veo en ti
es bella tu alegría
es bello tu perfil

escucho atento
pongo atención
tengo mucho que aprender
de ellos
tengo que aprender
a buscar tu amor
tengo que aprender
a luchar por ti

Consuelo

Busco consuelo
en esta noche de soledad
y descubro que es el tono
de tu voz angelical
el que ha de ser mi sueño
el que me ha de enseñar
el camino al cielo
los secretos
la verdad

Busco consuelo
en esta noche de poca paz
y descubro que es el fruto
de tu cuerpo celestial
el que me hará feliz
el que me hará soñar
el que me hará sentir
la plenitud
el que me hará sentir
la libertad

Busco consuelo
en esta noche etérea
y descubro que es tu rostro
de ángel bueno
de niña buena
el que me hará ver de nuevo
el edén
el que me hará ver de nuevo
la primavera

Busco consuelo
en esta noche callada
le pregunto a la luna
dónde estás
le pregunto a la estrella
si es acaso tu alma
mi salvación bella
mi bella paz

Busco consuelo
busco sosiego
busco la puerta para entrar
busco tu amor verdadero
busco el lucero
busco la señal

Tenacidad

Debo ser astuto
más que un lobo tenaz
más que un lobo
buscando su alimento
mucho más

Debo de alguna forma
ser el que te arrulla
ser el que te da consuelo
ser en tus labios ternura
ser de todos tus sueños
el mas bello

Debo de alguna forma
suavizar tu conducta
suavizar tu cordura
aligerar tus pasos
tu vida
ser de todos tus hábitos
el que te lleva al cielo
el que te da alegría

Pretendo ser
más que un lobo tenaz
más que un lobo sutil
mucho más
pretendo ser
tu ángel feliz
pretendo ser
tu ángel de paz

Invierno Frío

Quiero que este invierno frío sea
perfecto
quiero que sea tu vida
la que caliente mi cuerpo
mi alma
y mi espíritu
quiero caminar contigo
por las calles
por el parque
sintiendo la suavidad del aire
sintiendo la claridad del día
lleno de sueños
lleno de belleza
lleno de ti

No quiero que mi único consuelo sea
una pequeña bota navideña
a la que le puse tu nombre
para sentir que estás aquí

Quiero que sea mía
la suavidad con la que miras
quiero que sea mía
la calidez de tu vida

Si tu corazón se eleva
y llega al cielo
yo volar quiero
yo quiero subir también
y unirme a él

Si tu corazón se encapricha
y tiene deseos
yo lo comprendo
yo estoy con él
y soy el primero en acudir

Si tu corazón comparte
sus palabras
y sus pensamientos
yo escucho
y entiendo

Si tu corazón se alegra
y su amor me declara
si no oculta su amor por mí
si confiesa
si no calla
yo me alegro también
yo confieso también

Si un gorro adorna
tu rostro navideño
feliz de alegría
feliz y contento
quiero estar ahí
para sostenerlo

Si guantes esconden
tus tiernas manos
quiero estar ahí
para ver el encanto

Si un saco abriga
tu esplendor humano
quiero estar ahí
para ver el milagro

¿Qué sientes cuando la miras?

¿Qué sientes cuando la estrella
se compadece
y se acerca?

¿Qué sientes cuando dormida
en su gran esplendor
en sus sueños te mira
con amor?

¿Qué sientes cuando dormida
en su cielo de amor
en sus sueños te abraza
con verdad?

¿Qué sientes cuando la miras?
¿Qué sientes corazón?
¿Sientes la fe sincera?
¿Sientes la bella ilusión?

¿Qué sientes cuando la miras?
¿Qué sientes corazón?
¿Sientes el nuevo mundo vivir?
¿Sientes el nuevo mundo brillar?

Un Sueño

Te soñé, como siempre
te sueño
tierno amanecer
dulce encanto
pero esta vez
fuente de inspiración
esta vez
momento santo
esta vez
ángel de amor
esta vez
corazón amado
esta vez
revelación del infinito
esta vez
jugoso deseo
esta vez
milagroso destino
esta vez
resplandor del cielo
esta vez
alegría feliz
esta vez
ángel enamorado
esta vez
harmonía sutil
esta vez
te soñé en mis brazos

Soñaba que me abrazaba
tu blanca mirada
soñaba que era suave
tu cálida luz
soñaba que era buena
tu dulce alma
soñaba que era cierto
que me abrazabas tú

Soñaba que era terso
tu hermoso secreto
soñaba que era inmenso
como el cielo azul
soñaba que era el más
valioso tesoro
tu inocencia, tu destino
tu emoción, y tu quietud

Es por ti
fuente de inspiración
que mi fe crece
y late mi corazón

Es por ti
momento santo
que la lluvia cae
y se alegran lagos

Es por ti
ángel de amor
que amanece la vida
y sale el sol

Es por ti
corazón amado
que es cálido el amor
que son cálidas las manos

Es por ti
revelación del infinito
que termina mi frío
que se eleva mi yo

Es por ti
jugoso deseo
que es hermoso el destello
que es rotundo el esplendor

Es por ti
milagroso destino
que feliz camino
que feliz soy

Es por ti
resplandor del cielo
que contento sueño
que contento estoy

Invítame a la Calma

Invítame a la calma
de tu corazón
a esa almohada grande
de amplia realidad
y amplio amor
de acogedora paz
y suave descanso
a esa almohada grande
más grande que yo

Invítame a la calma
de tu bello ser
que a la vez me enciende
que a la vez me inquieta
que a la vez es una puerta
al destino fiel
a la tersa piel
al centro de tu corazón
al encanto de tu naturaleza

Invítame al sueño
de tu fragilidad
encendamos velas
para escuchar
los dulces ruegos
de tu corazón
los ruegos urgentes
de tu despertar

Invítame al sueño
de alguna de tus siestas
para abrazarte con amor
para abrazarte con fuerzas
para encontrar la blanca ilusión
para nutrir tu delicada esencia
y descubrir el cielo juntos
y descubrir tu magia de princesa

Invítame a sueños
que me hacen revivir
invítame a permanecer en ti
invítame a ser felices juntos
invítame al cielo, a pertenecer
invítame a tu mundo

Ángel del Amanecer

Me anuncia de repente
el ángel de mi noche tibia
que su vida es santa
que su vida es mía

Me anuncia de repente
el ángel de mi sueño
que su amor es grande
y verdadero

Me anuncia sin palabras
al iluminarse
al verme
que su ilusión es cálida
que ha rezado por mi
que su esplendor me dará albergue

Me anuncia de repente
a la luz del día
el ángel de mi amanecer
el ángel que me cuida
que su amor es lúcido
y es la caricia
que me dará fuerzas
paz
y alegría

Decía

Decía, que tus ojos
son hermosos
decía, que tu amor
es jubiloso
decía, que por ti
es grande la vida
decía, que por ti
mis ojos brillan
decía, que por ti
es azul el cielo
decía, que por ti
es inmenso
decía, que por ti
es cálida la rosa
decía, que por ti
es feliz y cariñosa
decía, que por ti
es dichoso el ángel
decía, que por ti, vuela
como vuelan las aves
decía, que por ti
me portaré bien
decía, que por ti
seré sincero
decía, que por ti
caminaré
decía, que te amo
decía, que te quiero

Atesoro

Atesoro en mi recuerdo
en mi memoria sutil
un suspiro
escrito por ti
junto con una lágrima
húmeda de ternura
junto con una rosa
blanca como la luna
junto con una mirada
profunda
y un abrazo gentil
el más gentil de todos

Atesoro las palabras
que tu voz decía
atesoro el sentimiento
que tu amor me inspira
atesoro tantas cosas
tantas bellas melodías
tu deseo
tu sonrisa
tu esperanza
tu alegría

Historia de una Princesa

Es verdad, tú eres
todo lo que una princesa
debe ser

Me gusta pensar en ti
me gusta conocerte
ver el infinito en ti
ver la belleza
una lágrima de amor
una lágrima de tristeza
un suspiro de amor
un suspiro de princesa
un motivo, una ilusión
una emoción que alegra

Me gusta creer en ti
con una fe sincera
y abrir el libro junto a ti
en la página bella
con aroma a bosque
y a primavera
en la que un príncipe busca
el calor de una princesa
el calor de unos labios finos
el calor de unas manos tersas
al encontrarla y ver
que su amor es grande
sus manos sensuales
señalan el rumbo
el camino al castillo
que ofrece abrigo
que aguarda tranquilo
que aguarda con júbilo
la llegada
de dos amantes

Es verdad, te quiero
y sueño contigo
lo inevitable es pensar en ti
y en los caminos que juntos
podemos recorrer
y en los castillos que juntos
podemos descubrir
si esperamos juntos
la primavera
si acogemos la intimidad
si soñamos
el mismo sueño

Alma tímida

¿Cuál es el misterio que guardas?
¿Cuál es, prodigiosa alma?
¿Cuál es el misterio tan bello?
¿Cuál es, timidez que adorna el cielo?

¿Acaso es la claridad de tu alma
la suavidad de tu piel
el pacto sublime
o el llanto de tu cuerpo?

¿Acaso es tu ardiente corazón
o la fuerza de tu orgullo
brillando con eminencia
brillando con ilusión
iluminando sueños de inocencia
iluminando el cielo rotundo?

¿Acaso es tu aroma de rosa?
¿Acaso es tu amor en silencio?

¿Cuál es el misterio que guardas?
¿Cuál es, cariñosa hada?
¿Cuál es el misterio tan bello?
¿Cuál es, calidez de invierno?

Era Glacial

Fue creciendo en mi tu belleza
tu existencia
y quise ser
el ángel de tus sueños

Quise renovar la tierra
para que pudieras crecer
para que pudieras
desvestir tu conciencia
y correr por el campo

Quise crear un mundo
en el que pudieras soñar
en el que pudieras ser
tú misma
tal y como eres

Quise derretir el hielo
y terminar la era glacial

Quise pensar que era bello
amar así
quise creer que era cierto
tu amor por mi
aún quiero creer
aún quiero pensar en ti
corazón apasionado
en este frío de invierno
tibieza acogiendo
la blanca suavidad
amor ruborizado
contemplando
la claridad
tocando, con tus manos
sueños bellos
llenando, con tus brazos
el vacío

Un Secreto

Siento en tu voz
las palabras
que no puedes decir
las palabras
que quieres decir
y que callas

Siento en tus ojos
la mirada
de la otra tú
la que se alza en oración
y le pide a Dios
ser santa
y le pide a Dios
ser fruto divino
de su creación

Siento el resplandor en ti
siento que tu espíritu
ha crecido
ahora tus alas hablan por ti
ahora tus alas señalan el camino
confesando el secreto inmenso
confesando por fin

Ahora entiendo
por qué vi en ti la luz
ahora entiendo
por qué me enamoré

Sagrada Esencia

La sagrada esencia duerme
reposa cual luna tímida
dotada de profundidad

Tranquilo espero el despertar
de tus emociones
si escuchara tu grito
si te escuchara llorar
sería sencillo decidir
y tomar las riendas

Haz puesto tu mano
en mi mundo
en mi fiebre
me haz reconfortado
con tu dulce encanto
y has recompensado mi espera

He aquí la esencia
la sagrada esencia
de tu voz humana
de tu alma buena

He aquí el milagro
de tu instante sacro
de tus tiernos pasos
hacia mi

He sido paciente
y he sido gentil
pero soy humano
y ansío la calma
ansío el abrazo
ansío la paz

Princesa del Futuro

Princesa del futuro
bésame ahora
cúbreme con tu sueño
profundo
cúbreme con tu sueño
de estrella
cúbreme con tus brazos
de ángel
princesa tierna

Tu corazón ilusionado
es ahora el motivo
es ahora la gracia
más bella
es ahora el regalo
que alegra
tu corazón a mi lado
tu corazón conmigo

Princesa del futuro
al llegar la primavera
te vestirás con vestidos nuevos
te vestirás con suaves telas

Princesa del futuro
al llegar la primavera
tu resplandor será la luz
que iluminará la tierra

Jardín Secreto

Tu jardín es el jardín
donde me escondo yo
donde te escucho hablar
y donde es tu voz
amor y consejo

El jardín es secreto
el jardín es santo
y a pesar de sus rejas
y sus muros altos
yo estoy adentro
y no afuera
porque tú me abriste la puerta
porque tú me dejaste entrar

Le doy gracias a Dios
por haberte acercado a mi vida
por saber que en mi faltabas
por saber que me amarías

Le agradezco, que tu amor
sea bello
le agradezco, que seas la rosa
del jardín

Flor Mágica

La flor impone
su magia
delicada sueña
delicada causa
el dulce sabor
a luz de amor
a luz de alba
el suave dulzor
de alma

La flor impone
su enseñanza
delicada toca
mis sentimientos
cuando acerca a mí
su cara cálida
cuando acerca a mí
su piel y su corazón tierno
y me da a probar
sus lágrimas
su fragilidad
y sus sueños
y entiendo que su tristeza
es mi tristeza
y entiendo que a una flor
hay que cuidarla

La flor inmensa
emana esperanza
se transforma en ilusión
y su suave tez
es la luz
y mi pálido existir
recibe su amor
y mi corazón
recibe consuelo
ternura
y confianza

Inocente Doncella

En la realidad de mi corazón
estás tú
en la realidad de mi corazón
eres bella
en la realidad del día
y de la noche
eres tú capricho
eres tú terneza
la frágil expresión
de una promesa
consciente de mi amor profundo
consciente de la luna llena

En la realidad del cielo
estás tú
en la realidad del cielo
eres suave y ligera
en la realidad de las nubes
dejas tu rastro
y yo
buscando tu amor
buscando tu abrazo
sigo tus pasos
sigo tus huellas

En la realidad del bosque
te encuentro
en la realidad del bosque
eres la criatura
de la primavera
la inocente doncella
rumbo al castillo
la inocente princesa
rumbo a la gloria

Día de Júbilo

Este día, tus mejillas
tienen un propósito
y yo, deseando tu gloria
me acerco

Este día, tu ser
se sonrosa y es ligero
y yo, queriendo ser feliz
doy pasos de fe

Este día, tu cuerpo
brilla en lo alto
y yo, en silencio
soy testigo santo

Este día, tus ojos
son grandes y claros
y yo, enamorado
aprendo a creer

Este día, tu vida
este día, tu ilusión
es alma divina
es alma en mi corazón

Este día, en este amanecer
se juntan nuestras almas
para aprender
y este sentimiento
que es nuestra alegría
nos conmueve
nos llena de vida

Este día, en este atardecer
se arriman nuestras almas
para beber
al fresco manantial
a la fuente de la vida
y este misterio
que es señal del cielo
nos sorprende
nos suaviza

Este día, en este invierno
se arrepienten nuestras almas
de ser tímidas
y se apiadan
la una de la otra
y se entienden
y se entibian
y este amor
que es tierno
nos consiente
nos cobija

Ángel en la Nieve

Admiro la figura
que camina en la nieve
la gracia y la cordura
con la que se desplaza
como si fuera el ángel
milagroso que quiere
salvar mi vida
ante todo
salvar mi alma
como si fuera el ser
que da esperanza

Admiro la criatura
que es sensible
que es sensata
que presiente mi ilusión
que se apiada de mi alma
que se enternece por todo
que se conmueve
y no se cansa
de ser libre
de ser bella
de ser cálida

Admiro la emoción
la palabra
el acento
cuando un ángel
se encariña
cuando un ángel
comparte su tiempo

Ahora Descubro

Y ahora descubro
que mi vida sufre
y que tu vida sigue
se levanta, y sube
que tu vida es un poema hermoso
de vital importancia
para aquel que lo descubre
que tu vida es alta, es santa
y es el perfume
de mil rosas juntas
unidas en alabanza
de mil rosas juntas
unidas en amor

Y ahora descubro
que en verdad existe
la claridad del alma
la claridad que insiste
en ser refugio
en ser el hada
de aquel que busca su mirada
de aquel que es sensible

Y ahora descubro
veredas a ti
atajos por el bosque
que me permiten llegar a ti
a tu jardín
que me permiten presenciar
la abundancia de paz
que me permiten descubrir
en ti el cielo

Y ahora
estoy contigo
los labios finos
y tu inocencia
al fin son míos
las bellas ideas
las bellas palabras
los sueños que soñabas
los compartes conmigo

Y ahora
estoy contigo
tus labios
con su rojo desempeño
tus labios
con su tierno afán
tus labios
con su roja inocencia
tus labios
con su rojo infinito
son divinos
son mi paz

Y ahora
soy testigo
de cálidos sueños
y ahora
soy testigo
de tu corazón

Sabía a Manzana

Sabía a manzana
el té caliente
que me ofreciste esa noche
a manzana jugosa
a manzana divina
como tu piel amorosa
como tu piel encendida
como tu alma desnuda
como tu pecho terso
en esa noche profunda
en esa noche de invierno

Sabía a manzana
a manzana dulce
y deliciosa
la invitación a tu corazón
esa noche dichosa
esa noche de rosas
esa noche de amor

Primero
un momento de esperanza
un momento de calor
un momento de misterio
frente a la fogata
de tu corazón

Después
un recorrido
por el subconsciente
de nuestras almas
de nuestras mentes

Y por último
un recorrido por el jardín
de nuestra ilusión
de nuestro destino
hasta llegar a tu amor
glorioso
hasta llegar a tu cuerpo
tímido

Sabía a manzana
a manzana dulce
y caprichosa
sabia a ilusión

Sueño Romántico

Aparece como un sol
en nuestra primavera
el sueño blanco
del amor
la dulce agonía
la blanca estrella

Aparece la luz
la gracia
la opción de sentir
el rubor apasionado
deseando
mirando
la mano delicada
la bendición
los labios

Sueño romántico
y la respiración
de dos almas bellas
de dos enamorados
y la serenidad
de un cielo azul
y la felicidad
y la quietud
y a veces el llanto

Contacto Metafísico

Es un contacto metafísico
entre tú y yo
es una atracción
una comprensión
entre los dos

Es el amor que te abraza
el amor que persiste
la ilusión que te renueva
cuando te sientes triste
es la voz que te acompaña
en tus horas más felices
es la luz que ilumina
que aconseja, que sonríe

Es un contacto metafísico
entre tú y yo
un reino que encontramos
al buscar una respuesta
un sueño de amor
una fantasía tersa
una bendición
una puerta

Es un contacto metafísico
entre tú y yo
es algo más profundo y preciso
es un misterio que nos acerca a Dios
es un milagro
es un camino

Romance

Romance
ataque de amor profundo
romance
ataque de amor sincero
romance
son los ojos tuyos
romance
tierno

Romance
lenta agonía
como la naturaleza
primitiva
de sentimiento sufriendo
de timidez escondida
entre árboles y misterios
entre montañas y senderos
en los brazos de la vida
en el valle de los sueños

Romance
silencio en la noche mística
silencio en el jardín
serenidad, compostura, ternura
y después
rubor, resplandor, alegría
confirmación del pacto
renacimiento
avivamiento
carreras enardecidas
miradas íntimas
abrazos merecidos
y besos apasionados

Romance
otro día más con tu vida
romance
otro día más con tus sueños
romance
caminando de la mano
romance
caminando por el cielo

La suave caricia

La suave caricia
la bella mirada
que me hará feliz
que me dará la calma
ha de ser gentil
ha de ser como tu alma
ha de ser de ti
pequeña hada

La suave caricia
el bello misterio
que me hará suspirar
que me llevará al cielo
ha de ser como tu paz
ha de ser tierno
ha de ser como aquella enseñanza
de amor
que descubrí en ti
aquella mañana de invierno
como aquella sonrisa
que se abrazaba a mí
que abrazaba mi corazón entero
como aquel resplandor
que presentí
como aquel resplandor
acogedor
que para mí fue salvación
que para mí fue el cielo

LaVergne, TN USA
30 March 2011
222029LV00001B/55/P